Inhalt

Versicherungsverträge - Stand der Entwicklung eines neuen Bilanzierungsstandards

Kernthesen

Beitrag

Fallbeispiele

Weiterführende Literatur

Impressum

Versicherungsverträge - Stand der Entwicklung eines neuen Bilanzierungsstandards

Annett Kaindl

Kernthesen

- Die Bilanzierung von Versicherungsverträgen soll aussagekräftiger werden.
- Geplant ist die Einführung von global gültigen Rechnungslegungsvorschriften.
- Allerdings kommt die Reform der Rechnungslegung im Versicherungswesen nur sehr langsam voran.
- Seit mehr als zehn Jahren ringen die Verantwortlichen um verbesserte Rechnungslegungspraktiken für

Versicherer.

Beitrag

Das Projekt "Versicherungsverträge" des IASB

Eines der großen Reformprojekte, an dem das International Accounting Standards Board (IASB) zurzeit arbeitet, ist die Bilanzierung von Versicherungsverträgen. Das Projekt "Versicherungsverträge" nahm bereits 1997 seinen Anfang und wurde 2002 aufgrund seiner Komplexität und zahlreicher kontroverser Diskussionspunkte in zwei Phasen aufgeteilt. Das Ergebnis der ersten Phase war eine Übergangslösung in Form des derzeit gültigen IFRS 4. Dieser erlaubt im Wesentlichen die Beibehaltung der nationalen Rechnungslegungsvorschriften. Aktuell wird im Rahmen der zweiten Phase an einem finalen Standard gearbeitet. Das Ziel des Reformprojekts besteht in der Schaffung einheitlicher Bilanzierungs-, Bewertungs- und Offenlegungsvorschriften für Versicherungsverträge.

Das IASB hat im Juli 2010 einen Exposure Draft (ED/2010/8: Insurance Contracts) veröffentlicht.

Dieser sieht als Kernprinzip einen bausteinbasierten Bewertungsansatz mit den Elementen Cash-flows, Barwerteffekt, Risikoanpassung und Restmarge vor.

Wegen der großen Bedeutung der Kapitalanlagen für Versicherungsunternehmen lässt sich die aktuelle Entwicklung des IFRS 4 nicht getrennt von den Diskussionen um IFRS 9 betrachten. Deshalb geht dieser Report auch kurz auf IFRS 9 ein, der den bisherigen Standard IAS 39 zur Bilanzierung der Kapitalanlagen ablösen wird. (1)

Schaut man sich eine Versicherungsbilanz an, so fällt einem sofort auf, dass die Aktivseite von den Kapitalanlagen und die Passivseite von den versicherungstechnischen Rückstellungen geprägt ist.

Wie sieht die derzeitige Bilanzierung nach IFRS aus?

Die derzeitige Bilanzierung versicherungstechnischer Rückstellungen nach IFRS erfolgt im Wesentlichen nach HGB oder US-GAAP. In der Sachversicherung wird die Summe der zukünftigen Schadenzahlungen undiskontiert unter den versicherungstechnischen Rückstellungen ausgewiesen. In der Lebens- und Krankenversicherung werden die Rückstellungen mit einem konstanten Zins abdiskontiert. Es findet eine Cost-Bilanzierung statt, das heißt, die

Rechnungsgrundlagen werden bei Vertragsabschluss festgeschrieben.

Eine Cost-Bilanzierung hat den Vorteil, dass diese hohe Volatilitäten in der Gewinn- und Verlustrechnung (GuV) vermeidet. Nachteilig ist, dass sie keine ökonomisch aussagekräftige Bilanz liefert, das heißt, die aktuelle ökonomische Lage und Risikotragfähigkeit des Unternehmens kann aus der Bilanz nicht herausgelesen werden. (1)

Zukünftige Rechnungslegungsvorschriften

Nach ED/2010/8 erfolgt die Bewertung der Versicherungsverpflichtungen über drei Komponenten:

- Best Estimate Liability (BEL) - Risikoaufschlag - Restmarge

Beim BEL eines Versicherungsvertrages handelt es sich um den Barwert der im Rahmen der Vertragserfüllung anfallenden Zahlungsströme. Dieser Erfüllungsbarwert setzt sich aus dem erwarteten Barwert aus Leistungen und Kosten abzüglich des erwarteten Prämienbarwerts zusammen. Die künftigen Cash-flows aus vielen Versicherungsverträgen lassen sich nur schwer abschätzen, so dass die Bewertung eine große Herausforderung darstellt. Einige Versicherungsprodukte sind sehr komplex, und die entsprechenden Verbindlichkeiten können sich über sehr lange Zeiträume erstrecken, was deren Bewertung - und somit deren Bilanzierung - erschwert. (1), (2)

Zusätzlich ist ein Risikoaufschlag zu bilanzieren, der ungünstige Entwicklungen abfedern soll. Dieser ist an jedem Bilanzstichtag neu zu ermitteln und wird mit dem Rückgang des Risikos im Zeitverlauf stückweise erfolgswirksam aufgelöst.

Definition der Restmarge: Angenommen der Versicherungsvertrag wurde profitabel kalkuliert, das heißt, der Prämienbarwert übersteigt den Barwert der zukünftig zu erwartenden Leistungen zuzüglich Risikomarge, dann ist in Höhe der Differenz eine sogenannte Restmarge auf der Passivseite der Bilanz auszuweisen. Die Restmarge stellt keine eigenständige Bilanzposition dar, sondern dient dem Zweck, den Ausweis von unrealisierten Gewinnen zu verhindern. Die Bilanzierung einer negativen Restmarge ist nicht zulässig. Ergibt sich bei Vertragsabschluss rechnerisch eine negative Restmarge, ist diese direkt als Verlust in der GuV zu verbuchen. (1)

Abweichungen zwischen geplanter und tatsächlicher Best Estimate Liability

Die nicht-ökonomischen und ökonomischen Annahmen, die in die Berechnungen der BEL eingehen, werden sich in den seltensten Fällen genau wie prognostiziert realisieren. Dabei lassen sich zwei Fälle unterscheiden: (1)

Fall 1: Varianzen

In einem Geschäftsjahr weichen die nicht-ökonomischen (zum Beispiel Sterblichkeiten oder Stornoquoten) und/oder die ökonomischen Annahmen (zum Beispiel Kapitalmarktentwicklung) von den Erwartungen ab, die in die Berechnung der BEL eingeflossen sind. Der Fall ist unstrittig. Die Differenzen zwischen erwarteten und tatsächlich eingetretenen Cash-flows und deren Effekt auf die BEL sind in der GuV zu buchen.

Fall 2: Annahmeänderungen

Die zukünftigen nicht-ökonomischen und/oder die ökonomischen Annahmen, die in die Berechnung der BEL eingehen, müssen angepasst werden. Wie mit Änderungen der Annahmen über die zukünftige Entwicklung umgegangen wird, ist noch nicht entschieden.

In ED/2010/8 wurde die Restmarge noch bei Vertragsabschluss für die gesamte Vertragsdauer festgeschrieben. Seit Juni 2011 sieht der IASB eine Anpassung der Restmarge bei nicht-ökonomischen Annahmeänderungen vor. Änderungen durch Varianzen oder Änderungen der Risikomarge sollen in der GuV erfasst werden. Die Anpassung erlaubt eine Reduktion beziehungsweise Erhöhung der Restmarge, sofern die Restmarge dann noch positiv ist. Eine negative Restmarge ist nicht erlaubt. Bei Anpassungen, die zu einer negativen Restmarge führen würden, kann die Restmarge höchstens auf null reduziert werden, der Restbetrag ist ergebniswirksam zu verbuchen. (1)

Noch offen ist, wie mit Kapitalmarkt bezogenen Annahmeänderungen, die die BEL beeinflussen, umgegangen wird. Denn diese haben nicht nur Auswirkungen auf die Passivseite, sondern auch auf die Aktivseite der Bilanz. (1)

Wie müssen Versicherer zukünftig ihre Kapitalanlagen bilanzieren?

Ursprünglich war geplant, IFRS 9 in diesem Jahr verbindlich einzuführen. Dieser Termin wurde verschoben. Noch immer ist nicht absehbar, wie IFRS 9 genau aussehen und wann der Standard seinen

Vorgänger IAS 39 ablösen wird.

Ein wichtiger Grund für die Verzögerung ist das Zusammenspiel zwischen Versicherungsverträgen und den Kapitalanlagen, die die versicherungstechnischen Verpflichtungen abdecken. Die Bilanzierungsvorschriften für Finanzinstrumente müssen auch den Anforderungen der Versicherungsunternehmen entsprechen.

Zu Beginn der Diskussion sah IFRS 9 für die Bewertung von Kapitalanlagen zwei Bewertungskategorien vor: Erfüllt eine Kapitalanlage bestimmte Bedingungen, kann diese in der Bilanz zu fortgeführten Anschaffungskosten bilanziert werden. Die Folgebewertung erfolgt nach der Effektivzinsmethode. Alle anderen Finanzinstrumente sind mit ihrem Marktwert anzusetzen. Wertänderungen sind erfolgswirksam in der GuV zu erfassen. (5)

Im Mai 2012 wurde - vor allem auf Drängen der Versicherer - noch eine dritte Kategorie eingeführt: der beizulegende Zeitwert mit Erfassung der Änderungen im Eigenkapital. Instrumente, die unter diese Kategorie fallen, werden zum Marktwert bilanziert. Wertschwankungen werden nicht in der GuV gezeigt, sondern zunächst im Eigenkapital verbucht. Diese Änderung hat zum Ziel, Konsistenz zu den Regelungen des IFRS 4 herzustellen. (4)

Vertreter der Versicherungsbranche machten vehement darauf aufmerksam, dass sämtliche Versicherungsverpflichtungen nach IFRS 4 zu einem dem beizulegenden Zeitwert ähnlichen Wertmaßstab zu bewerten sind. Entsprechende Aufwendungen und Erträge sind im Eigenkapital und nicht in der GuV zu erfassen. Wären die den Versicherungsverpflichtungen gegenüberstehenden Kapitalanlagen nun ergebniswirksam über die GuV zu bewerten, hätte dies zu einer Verzerrung in der GuV geführt. Als Reaktion wurde die oben genannte dritte Bewertungskategorie in den IFRS 9 aufgenommen. (5)

Trends

Die Arbeit des IASB in beiden Projekten "Versicherungsverträge" und "Finanzinstrumente" ist noch nicht abgeschlossen. Noch immer gibt es theoretische Fragen zu klären, und die Umsetzung wird die Versicherungsunternehmen vor anspruchsvolle praktische Probleme stellen. Für das Projekt "Versicherungsverträge" ist für 2013 ein neuer Exposure Draft angekündigt. Das Projekt "Finanzinstrumente" gleicht immer mehr einem Flickenteppich, an dem an verschiedenen Stellen gearbeitet wird. (3)

Fallbeispiele

Durch die Cost-Bilanzierung kann es zu einem accounting mismatch kommen: Ein Versicherungsunternehmen möchte durch den Kauf von Derivaten seine Duration auf der Aktivseite verlängern und damit den Duration-Mismatch zwischen Aktiv- und Passivseite verringern. Die Derivate auf der Aktivseite sind mit ihrem Marktwert zu bilanzieren. Kommt es zu einem Zinsanstieg, muss der Buchwert der Derivate abgeschrieben werden. Die Passivseite bleibt bei Anwendung der Cost-Bilanzierung unverändert, obwohl der ökonomische Wert der Verpflichtungen ebenfalls zurückgegangen ist. Der Versicherer weist in Folge einen Verlust aus, obwohl sich seine wirtschaftliche Situation verbessert hat. [1]

Weiterführende Literatur

(1) Stand der Entwicklung des neuen Versicherungsstandards IFRS 4 mit besonderem Fokus auf den deutschen Versicherungsmarkt aus Kapitalmarktorientierte Rechnungslegung, Heft 1 vom 2.1.2013, Seite 23 - 32

(2) Studien und Mitteilungen aus - Die Versicherungspraxis, Heft 01/2013, S. 15-19

(3) BB-IFRS-Report 2012
aus Betriebs Berater Heft 51/2012 Seite 3191

(4) Die Bilanzierung wird komplexer Assekuranz setzt Forderung nach dritter Kategorie für Finanzinstrumente durch
aus Börsen-Zeitung, 29.11.2012, Nummer 231, Seite 3

(5) Quo vadis internationale Rechnungslegung? Aktuelle Fragen der internationalen Bilanzierung und die zukünftige Agenda des IASB Bericht über das 12. IFRS-Forum zur handelsrechtlichen und internationalen Rechnungslegung des Instituts für Unternehmensführung an der Ruhr-Universität Bochum
aus Kapitalmarktorientierte Rechnungslegung, Heft 2 vom 1.2.2013, Seite 103 -

Impressum

Versicherungsverträge - Stand der Entwicklung eines neuen Bilanzierungsstandards

Bibliografische Information der deutschen Nationalbibliothek

Die Deutsche Nationalbibliothek verzeichnet diese Publikation in der deutschen Nationalbibliografie; detaillierte bibliografische Daten sind im Internet über http://dnb.d-nb.de abrufbar.

ISBN: 978-3-7379-1421-5

© 2015 GBI-Genios Deutsche Wirtschaftsdatenbank GmbH, Freischützstraße 96, 81927 München, www.genios.de

Alle Rechte vorbehalten. Dieses Werk ist einschließlich aller seiner Teile – z.B. Texte, Tabellen und Grafiken - urheberrechtlich geschützt. Jede Verwertung außerhalb der Grenzen des Urheberrechtsgesetzes bedarf der vorherigen Zustimmung des Verlags. Dies gilt insbesondere auch für auszugsweise Nachdrucke, fotomechanische

Vervielfältigungen (Fotokopie/Mikroskopie), Übersetzungen, Auswertungen durch Datenbanken oder ähnliche Einrichtungen und die Einspeicherung und Verarbeitung in elektronischen Systemen.